बदन सराय

बदन सराय

मुनव्वर राना

वाणी प्रकाशन

प्रकाशन के उत्कृष्टतम 63 वर्ष

vaniprakashan.com

पेपरबैक पहला संस्करण : 2009
पेपरबैक दूसरा संस्करण : 2010
पेपरबैक तीसरा संस्करण : 2017
पेपरबैक चौथा संस्करण : 2026

वाणी प्रकाशन

4695, 21-ए, दरियागंज, नयी दिल्ली-110 002

फ़ोन : + 91 11 23273167, 23275710

शाखाएँ

अशोक राजपथ, पटना-800 004, बिहार

कॉफ़ी हाउस कैम्पस, महात्मा गांधी मार्ग, प्रयागराज-211 001, उत्तर प्रदेश

महात्मा गांधी अन्तरराष्ट्रीय हिन्दी विश्वविद्यालय, वर्धा-442 001, महाराष्ट्र

sales@vaniprakashan.in
vaniprakashan@gmail.com

Badan Sarai
by Munawwar Rana

ISBN : 978-81-8143-977-2
Ghazals

मूल्य : ₹ 200

जी.एस. ऑफ़सेट, दिल्ली-110 095 में मुद्रित

वाणी प्रकाशन का लोगो मक़बूल फ़िदा हुसैन की कूची से

अवध की मिली-जुली तहज़ीब
के सच्चे आशिक
श्री अखिलेश सिंह
(विधायक, रायबरेली)
के नाम!

मैं सारी रौशनाई दोस्ती के नाम करता हूँ
यही इक काम आता है यही इक काम करता हूँ!

—मुनव्वर राना

अनुक्रम

ग़ज़लें

तमाम उम्र ये झूला नहीं उतरता

मेरी माँ बताती है कि बचपन में मुझे सूखे की बीमारी थी। माँ को यह बताने की ज़रूरत क्या है; मुझे तो मालूम ही है कि मुझे कुछ-न-कुछ बीमारी ज़रूर है, क्योंकि आज तक मैं बीमार बीमार-सा हूँ! दरअसल मेरा जिस्म बीमारी से रिश्तेदारी निभाने में हमेशा पेश-पेश रहा है। शायद इसी सूखे का असर है कि आज तक मेरी ज़िन्दगी का हर कुआँ ख़ुश्क है, आरज़ू का, दोस्ती का, मुहब्बत का, वफ़ादारी का! माँ कहती है, बचपन में मुझे हँसी बहुत आती थी। हँसता तो मैं आज भी हूँ, लेकिन सिर्फ़ अपनी बेबसी पर, अपनी नाकामी पर, अपनी मजबूरियों पर और अपनी तनहाई, पर लेकिन यह शायद हँसी नहीं है, यह मेरी आँसुओं की बिगड़ी हुई तस्वीर है, मेरे एहसास की भटकती हुई आत्मा है। मेरी हँसी 'इंशा' की खोखली हँसी से बहुत मिलती है, 'मीर' की ख़ामोश उदासी से बहुत मिलती है, 'ग़ालिब' के ज़िद्दी फ़क्कड़पन से बहुत मिलती है,

मेरी हँसी तो मेरे ग़मों का लिबास है
लेकिन ज़माना इतना कहाँ ग़म शनास है

पैबन्द की तरह चमकती हुई रौशनी, रौशनी में नज़र आते हुए बुझे-बुझे चेहरे, चेहरों पे लिखी हुई दास्तानें, दास्तानों में छुपा हुआ माज़ी, माज़ी में छुपा हुआ मेरा बचपन, जुगनुओं को चुनता हुआ बचपन, तितलियों को पकड़ता हुआ बचपन, पेड़ की शाख़ों में झूलता हुआ बचपन, खिलौनों की दुकानों को तकता हुआ बचपन, बाप की गोद में

हँसता हुआ बचपन, माँ के आग़ोश में मुस्कुराता हुआ बचपन, मस्जिदों में नमाज़ें पढ़ता हुआ बचपन, मदरसों में सिपारे रटता हुआ बचपन, झील में तैरता हुआ बचपन, धूल-मिट्टी से सँवरता हुआ बचपन, नन्ही-नन्ही दुआएँ माँगता हुआ बचपन, गुलेल से निशाने लगाता हुआ बचपन, पतंग की डोर में उलझा हुआ बचपन, नींद में चौंकता हुआ बचपन, ख़ुदा जाने किस भूल-भुलैयाँ में खो कर रह गया है? कौन संगदिल इन सुनहरे दिनों को मुझसे छीन कर ले गया है? नदी के किनारे बालू से घरौंदे बनाने के दिन कहाँ खो गये? रेत भी मौजूद है, नदी भी नागिनों की तरह बल खा कर गुज़रती है लेकिन मेरे ये हाथ, जो महल तामीर कर सकते हैं, अब घरौंदे क्यों नहीं बना पाते? क्या पराँठे रोटियों की लज़्ज़त छीन लेते हैं, क्या पस्ती को बुलन्दी अपने पास नहीं बैठने देती, क्या अमीरी, ग़रीबी का ज़ायक़ा नहीं पहचानती, क्या जवानी बचपन को क़त्ल कर देती है?

मई और जून की तेज़ धूप में माँ चीख़ती रहती थी और बचपन पेड़ की शाख़ों पर झूला करता था। क्या धूप चाँदनी से ज़्यादा हसीन होती है? माचिस की ख़ाली डिबियों से बनी रेलगाड़ी की पटरियाँ चुरा कर कौन ले गया? काश, कोई मुझसे कारें ले ले और इसके बदले में मेरी वही छुक-छुक करती हुई रेलगाड़ी ला दे, क्योंकि लोहे और स्टील की बनी हुई गाड़ियाँ वहाँ नहीं रुक सकतीं, जहाँ भोली-भाली ख़्वाहिशें मुसाफ़िरों की तरह इन्तज़ार करती हैं। जहाँ मासूम तमन्नाएँ नन्हे-नन्हे होंटों से बजने वाली सीटियों पर कान लगाये रहती हैं।

कोई मुझे मेरे घर के सामने वाला वह कुआँ वापस ला दे जो मेरी माँ की तरह ख़ामोश और पाक रहता था। मेरी ख़ाला जब मुझे अपने गाँव ले कर चली जातीं तो माँ ख़ौफ़ज़दा हो जाती थी क्योंकि मैं सोते में चलने का आदी थी, माँ डरती थी कि कहीं ख़ाला के कुँए में न गिर पड़ूँ। माँ रात भर रो-रो कर कुँए के पानी से कहती रहती थी कि ऐ पानी, मेरे बेटे को डूबने मत देना। माँ समझती थी कि शायद पानी से पानी का रिश्ता होता है। मेरे घर का कुँआ बहुत हस्सास था, माँ जब उससे बातें करती थी तो कुँआ अपने पानी को मचकने भी नहीं देता था, शायद वह मेरी

माँ की भोली-भाली ख़्वाहिशों के एहतेराम में ख़ामोश रहता था। पता नहीं यह पाकीज़गी और ख़ामोशी माँ से कुँए ने सीखी थी या कुँए से माँ ने?

गर्मियों की धूप में जब टूटे हुए छप्पर के नीचे माँ टाट के परदों के ज़रिये मुझे लू और धूप से बचाने की कोशिश करती तो मुझे अपने आँगन में दाना चुगते हुए वे चूज़े बहुत अच्छे लगते जिन्हें उनकी माँ हर ख़तरे से बचाने के लिए अपने नाज़ुक परों में छुपा लेती थी। माँ की मुहब्बत के आँचल ने मुझे तो हमेशा महफ़ूज़ रखा, लेकिन ग़रीबी के तेज़ झक्कड़ों ने माँ के ख़ूबसूरत चेहरे को झुलसा-झुलसा कर स्याह कर दिया। घर के कच्चे आँगन से उड़ने वाली परेशानी की धूल ने मेरी माँ का रंग मटमैला कर दिया। बूढ़ी दादी भी मुझे बहुत चाहती थीं। वे हर वक़्त मुझे ही तका करतीं, शायद वे भोले-भाले चेहरे में अपने उस मज़दूर बेटे को तलाश करती रहती थीं जो ट्रक ड्राइवर की सीट पर बैठा हुआ शेरशाह सूरी के बनाये हुए रास्ते पर गर्मेसफ़र था।

शेरशाह सूरी की बनवायी हुई वह तारीक सड़क गुनहगार दिलों की तरह रह-रह कर ट्रक और कारों की हेडलाइटों से यूँ चमकने लगती है जैसे इस बेईमान ज़माने में कहीं-कहीं ईमानदारी की किरण दिखायी पड़ जाती है। शेरशाह सूरी की वह तवील सड़क, जिसके सीने पर रोज़ाना हज़ारों गाड़ियाँ गुज़रती रहती हैं लेकिन वह बेजान सड़क बिहार के किसी हरिजन क़बीले की तरह दुखों का बोझ उठाये चुपचाप मुस्कराती रहती है। न जाने कितने ही ड्राइवर अपने फूल-से बच्चों का मुस्तक़बिल सँवारने के लिए त्योहारों को भुलाते हुए, मौसमों की परवाह न करते हुए, इस पुरानी सड़क से गुज़रते रहते हैं—थकी-थकी और पुरअसरार-सी यह सड़क आये दिन इन्सानों का ख़ून पी कर अपनी प्यास बुझाती रहती है – सुर्ख़ इन्सानी ख़ून, जो तारकोल की काली सड़क पर ज़रा-सी देर में ख़ुश्क हो कर स्याह हो जाता है। ख़ून के इस धब्बे को ज़रा-सी देर में गुज़रने वाली गाड़ियों के नर्म और काले टायर चाट जाते हैं। वे धब्बे, जिनमें किसी सुहाग की सुर्ख़ी भी शामिल होती है, किसी माँ का इन्तज़ार भी शामिल होता है और किसी बहन के मैले-से दुपट्टे के आँसू भी शामिल होते हैं।

ख़बर नहीं मुझे ये ज़िन्दगी कहाँ ले जाये
कहीं ठहर के मेरा इन्तज़ार मत करना

एक सियासी लकीर ने सब-कुछ तक़सीम कर दिया—मुल्क को, क़ौम को, रिश्तों को, मुहाफ़िज़ों को, मुजरिमों को, नदियों-तालाबों को। एक घोंसले के कई हिस्से हो गये, एक घर के कई टुकड़े हो गये, कस्टोडियन की चक्की में अजदाद की इमारतें पिस गयीं, ख़ानदानों की मुट्ठियों से ज़मींदारी की बालू सरक गयी, जागीरदारी के चेहरे से वक़ार और एतमाद का रंग-रोग़न उड़ गया, ख़ानदानी ज़ेवरात (जिन्हें ग़ैर मर्दों ने देखा तक नहीं था) साहूकारों की तिजोरियों में क़ैद हो गये। पाकिस्तान बन गया। इक़बाल की पेशीनगोई, जिन्ना का ख़्वाब, ताबीर की जुस्तजू में भटकता हुआ पंजाब के उस पार पहुँच गया, रफ़्ता-रफ़्ता हर घर में एक पाकिस्तान तामीर होने लगा। मेरे चचा हज़रात अपने मुस्तक़बिल सँवारने के लिए पाकिस्तान रवाना हो गये। पंजाब मेल, जो हर ज़माने में एक नया रोल अदा करती है, मेरे घर के मर्दों और सफ़ेद-काले बुर्क़ों में सहमी-सिमटी हुई औरतों को ले कर उस महाजिरख़ाने की तरफ़ रवाना हो गया जिसे लोग पाकिस्तान कहते हैं। मैं चुपचाप अपनी दादी से चिमटा रहा। मेरे चचा ने दादी से पाकिस्तान चलने को कहा और वह भी महाजिरीन के ख़ेमे की तरफ़ जाने को तैयार हो गयीं। मैं दरवाज़े की चौखट पर बैठा हुआ यह सोचता ही रह गया कि मेरी दादी मुझे छोड़ कर जायेगी या नहीं और शायद पहली बार वह महाविरा ग़लत हो गया कि असल से ज़्यादा सूद प्यारा होता है। रेलगाड़ी के कोयले वाले इंजन से निकलते हुए धुएँ ने मेरे वालिद की भीगी हुई आँखों को मैला कर दिया। अब वे इस मुल्क में अकेले रह गये थे—बिलकुल उस परिन्दे की तरह, जिसके सब साथी जाल में फँस गये हों। फिर जैसे ही रेलगाड़ी की सीटी ने सिसकियाँ लीं, कारवाँ अपनी अनजानी-सी मंज़िल की तरफ़ रवाना हो गया। प्लेटफ़ार्म के किनारे खड़े हुए मेरे वालिद लड़खड़ाये। मैंने लपक कर सहारा देना चाहा। उन्होंने अपना जिस्म मेरे हवाले कर दिया और मैं उसी दिन जवान हो गया। ज़रूरत की रेलगाड़ी में बैठ कर मेरा बचपन जवानी

के शहर में आ गया। कोयले से दीवारों पर नाम लिखने का मौसम चला गया। तख़्ती पर खड़िया मिट्टी से सबक़ लिखने के दिन चले गये, रोटी की डलिया के सहारे चिड़ियाँ पकड़ने का खेल ख़त्म हो गया। अब माँ सर में सफ़ेद नहीं, काले बाल तलाश करती है। यह तलाशो-जुस्तजू का तवील सिलसिला कभी ख़त्म नहीं होगा। कभी कोख औलाद को तलाश करती है, कभी औलाद माँ के मुक़द्दस आग़ोश को!

मेरा बचपन था, मेरा घर था, खिलौने थे मेरे
सर पे माँ-बाप का साया भी ग़ज़ल जैसा था

—मुनव्वर राना

बदन सराय

वशु. जे. रामसिंधानी की नज़्र

1.

तुम्हारे पास ही रहते न छोड़ कर जाते
तुम्हीं नवाज़ते तो क्यों इधर-उधर जाते

किसी के नाम से मन्सूब ये इमारत थी
बदन सराय नहीं था कि सब ठहर जाते

❖

2.

सरक़े का कोई शेर ग़ज़ल में नहीं रक्खा
हमने किसी लौंडी को महल में नहीं रक्खा

मिट्टी का बदन कर दिया मिट्टी के हवाले
मिट्टी को किसी ताजमहल में नहीं रक्खा

❖

3.

कभी थकन के असर का पता नहीं चलता
वो साथ हो तो सफ़र का पता नहीं चलता

वही हुआ कि मैं आँखों में उसकी डूब गया
वो कह रहा था भँवर का पता नहीं चलता

उलझ के रह गया सैलाब कुर्‌रए-दिल से
नहीं तो दीदा-ए-तर का पता नहीं चलता

उसे भी खिड़कियाँ खोले ज़माना बीत गया
मुझे भी शामो-सहर का पता नहीं चलता

ये मन्सबों का इलाक़ा है इसलिए शायद
किसी के नाम से घर का पता नहीं चलता

❖

4.

जुर्रत से हर नतीजे की परवा किये बग़ैर
दरबार छोड़ आया हूँ सजदा किये बग़ैर

ये शहरे एहतिजाज है ख़ामोश मत रहो
हक़ भी नहीं मिलेगा तक़ाज़ा किये बग़ैर

फिर एक इम्तहाँ से गुज़रना है इश्क़ को
रोता है वो भी आँखों को मैला किये बग़ैर

पत्ते हवा का जिस्म छुपाते रहे मगर
मानी नहीं हवा भी बरहना किये बग़ैर

अब तक तो शहरे-दिल को बचाये हैं हम मगर
दीवानगी न मानेगी सहरा किये बग़ैर

उससे कहो कि झूठ ही बोले तो ठीक है
जो सच भी बोलता न हो नश्शा किये बग़ैर

❖

5.

बन्द कर खेल-तमाशा हमें नींद आती है
अब तो सो जाने दे दुनिया हमें नींद आती है

डूबते चाँद-सितारों ने कहा है हमसे
तुम ज़रा जागते रहना हमें नींद आती है

दिल की ख़्वाहिश कि तेरा रास्ता देखा जाये
और आँखों का ये कहना हमें नींद आती है

अपनी यादों से हमें अब तो रिहाई दे दे
अब तो ज़ंजीर न पहना हमें नींद आती है

छाँव पाता है मुसाफ़िर तो ठहर जाता है
ज़ुल्फ़ को ऐसे न बिखरा हमें नींद आती है

❖

6.

उनसे मिलिए जो यहाँ फेर-बदल वाले हैं
हमसे मत बोलिए हम लोग ग़ज़ल वाले हैं

कैसे शफ़्फ़ाफ़ लिबासों में नज़र आते हैं
कौन मानेगा कि ये सब वही कल वाले हैं

लूटने वाले उसे क़त्ल न करते लेकिन
उसने पहचान लिया था कि बग़ल वाले हैं

अब तो मिल-जुल के परिन्दों को रहना होगा,
जितने तालाब हैं सब नील कमल वाले हैं

यूँ भी इक फूस के छप्पर की हक़ीक़त क्या थी
अब उन्हें ख़तरा है जो लोग महल वाले हैं

बेकफ़न लाशों के अम्बार लगे हैं लेकिन
फ़ख्र से कहते हैं हम ताजमहल वाले हैं

❖

7.

रोने में इक ख़तरा है तालाब नदी हो जाते हैं
हँसना भी आसान नहीं है लब ज़ख़्मी हो जाते हैं

इस्टेशन से वापस आ कर बूढ़ी आँखें सोचती हैं
पत्ते देहाती होते हैं फल शहरी हो जाते हैं

गाँव के भोले-भाले वासी आज तलक ये कहते हैं
हम तो न लेंगे जान किसी की राम दुखी हो जाते हैं

सब से हँस कर मिलिए-जुलिए लेकिन इतना ध्यान रहे
सबसे हँस कर मिलने वाले रुस्वा भी हो जाते हैं

अपनी अना को बेच के अक्सर लुक़्मा-ए-तर की चाहत में
कैसे-कैसे सच्चे शायर दरबारी हो जाते हैं

❖

नज़्रे ग़ालिब

8.

ख़ून रुलवायेगी ये जंगल-परस्ती एक दिन
सब चले जायेंगे ख़ाली करके बस्ती एक दिन

चूसता रहता है रस भौंरा अभी तक देख लो
फूल ने भूले से की थी सरपरस्ती एक दिन

देने वाले ने तबीयत क्या अजब दी है उसे
एक दिन ख़ानाबदोशी घर गिरस्ती एक दिन

कैसे-कैसे लोग दस्तारों के मालिक हो गये
बिक रही थी शहर में थोड़ी-सी सस्ती एक दिन

तुमको ऐ वीरानियो शायद नहीं मालूम है
हम बनायेंगे इसी सहरा को बस्ती एक दिन

रोज़ो-शब हमको भी समझाती है मिट्टी क़ब्र की
ख़ाक में मिल जायेगी तेरी भी हस्ती एक दिन

❖

नज़्रे ग़ालिब

9.

हाँ इजाज़त है अगर कोई कहानी और है
इन कटोरों में अभी थोड़ा-सा पानी और है

मज़हबी मज़दूर सब बैठे हैं इनको काम दो
इक इमारत शहर में काफ़ी पुरानी और है

ख़ामुशी कब चीख़ बन जाये किसे मालूम है
ज़ुल्म कर लो जब तलक ये बेज़बानी और है

ख़ुश्क पत्ते आँख में चुभते हैं काँटों की तरह
दश्त में फिरना अलग है बाग़बानी और है

फिर वहीं उकताहटें होंगी बदन चौपाल में
उम्र के क़िस्से में थोड़ी-सी जवानी और है

बस इसी एहसास की शिद्दत ने बूढ़ा कर दिया
टूटे-फूटे घर में इक लड़की सयानी और है

❖

नज़्रे ग़ालिब

10.

इन्सान थे कभी मगर अब ख़ाक हो गये
ले ऐ ज़मीन हम तेरी ख़ूराक हो गये

रखते हैं हमको चाहने वाले सँभाल के
हम नन्हे रोज़ादार की मिस्वाक हो गये

आँसू नमक मिला हुआ पानी ही थे मगर
आँखों में रहते-रहते ख़तरनाक हो गये

मसरूफ़ पर्दापोशी में रहते हैं हर घड़ी
आँसू हमारी आँखों की पोशाक हो गये

दुनिया जो चाहती थी मुनव्वर वो हो गया
हम भी शिकारे-ग़र्दिशे-अफ़लाक हो गये

❖

11.

मैं जिसके वास्ते जलता रहा दिये की तरह
उसी ने छोड़ दिया मुझको हाशिये की तरह

सजा के पलकों पर अपने नुमाइशी आँसू
उठाये फिरता है वो मुझको ताज़िये की तरह

हमारा उससे तआल्लुक़ बहुत क़रीबी है
हम उसके जिस्म से वाक़िफ़ हैं तौलिये की तरह

अदब के शहर में क़ालीन का ज़माना है
पड़ा हुआ हूँ मैं ग़ालिब के बोरिये की तरह

मैं तुझको शेर सुनाना चाहता हूँ मगर
तमाम शेर ग़ज़ल के हैं मरसिये की तरह

❖

12.

हम कुछ ऐसे तेरे दीदार में खो जाते हैं
जैसे बच्चे भरे बाज़ार में खो जाते हैं

मुस्तक़िल जूझना यादों से बहुत मुश्किल है
रफ़्ता-रफ़्ता सभी घर-बार में खो जाते हैं

इतना साँसों की रफ़ाक़त पे भरोसा न करो
सब-के-सब मिट्टी के अम्बार में खो जाते हैं

मेरी ख़ुद्दारी ने एहसान किया है मुझ पर
वरना जो जाते हैं, दरबार में खो जाते हैं

ढूँढने रोज़ निकलते हैं मसायल हमको
रोज़ हम सुर्ख़ी-ए-अख़बार में खो जाते हैं

क्या क़यामत है कि सहराओं के रहने वाले
अपने घर के दर-ओ-दीवार में खो जाते हैं

कौन फिर ऐसे में तनक़ीद करेगा तुझ पर
सब तेरे जुब्बा-ओ-दस्तार में खो जाते हैं

❖

13.

हर एक लम्हा हमारी फ़िक्र पैग़म्बर को रहती है
मुहब्बत किस क़दर मिट्टी से कूज़ागर को रहती है

ज़रूरत ने अभी तक हाथ फैलाना नहीं सीखा
तवायफ़ है मगर ढाँपे हुए ये सर को रहती है

सिपहसालार कोई फ़ैसला तनहा नहीं करता
महाज़े-जंग की इक-इक ख़बर लश्कर को रहती है

❖

14.

अब मदरसे भी हैं तेरे शर से डरे हुए
जायें कहाँ परिन्दे शजर से डरे हुए

शायद बरसते देख लिया है इन्हें कभी
बादल बहुत हैं दीदा-ए-तर से डरे हुए

मक़तल से ख़ाली हाथ पलटना पड़ा मुझे
सारे सख़ी थे कासा-ए-सर से डरे हुए

हम दिलजलों की रास न आयेंगी चाहतें
छूते नहीं नमक भी शकर से डरे हुए

शायद जली हैं फिर कहीं नज़दीक बस्तियाँ
गुज़रे हैं कुछ परिन्दे इधर से डरे हुए

❖

15.

नदी का शोर नहीं है ये आबशार का है
यहाँ से जो भी सफ़र है वो अब उतार का है

तमाम जिस्म को आँखें बना के राह तको
तमाम खेल मुहब्बत में इन्तज़ार का है

अभी शराब न देना मज़ा न आयेगा
अभी तो आँखों में नश्शा किसी के प्यार का है

रगों में ख़ून से ले कर एक एक आँसू तक
हमारे पास है जो कुछ भी दोस्त-यार का है

न जिसमें आये तेरा तज़किरा सलीक़े से
वो मेरा शेर नहीं है किसी गँवार का है

❖

16.

तेरे लिए मैं शहर में रुस्वा बहुत हुआ
इस कारोबार में ख़सारा बहुत हुआ

ख़ुशबू पे चाँदनी पे ग़ज़ल पर शबाब पर
सच कह रहा हूँ आपका धोका बहुत हुआ

छुपता नहीं है चाँद भी बादल में रात भर
दीदार से नवाज़िये परदा बहुत हुआ

नाकाम हो गयी है मुहब्बत तो ग़म नहीं
हर सिम्त अपने इश्क़ का चर्चा बहुत हुआ

❖

17.

हर एक पल तेरी चाहत का एतबार रहे
बिछड़ कुछ ऐसे कि ताउम्र इन्तज़ार रहे

हम उन फलों का मुक़द्दर लिखा के लाये हैं
जो कमसिनी ही से शाख़ों पे अपनी बार रहे

गये वो दिन कि हवाओं से ख़ौफ़ ख़ाते थे
हवा से कहना चराग़ों से होशियार रहे

न पूछ कैसे गुज़ारा है हिज्र का मौसम
हमीं नहीं दरो-दीवार बेक़रार रहे

किवाड़ दिल के किसी दिन मेरे लिए भी खोल
मैं चाहता हूँ कि कुछ दिन ये ख़ाकसार रहे

ये कह के छोड़ गयीं दिल को ख़्वाहिशें राना
कि आके कौन तेरे घर में बार-बार रहे

❖

18.

दिल पहले कहाँ इस तरह ग़मगीन रहा है
लगता है कोई मुझसे तुझे छीन रहा है

ऐ ख़ाके-वतन तेरी मुहब्बत के नशे में
मुझ जैसा मुसलमान भी बेदीन रहा है

हर शाख़े-समरदार पे फेंका करो पत्थर
दुनिया का हमेशा यही आईन रहा है

कुछ मोड़ भी आते हैं मुहब्बत में ख़तरनाक
कुछ इश्क़ भी ख़तरात का शौक़ीन रहा है

❖

19.

मुट्ठी भर ये ख़ाक बहुत है
कूज़ागर को चाक बहुत है

वज़ू करो या पी लो आँसू
बहता पानी पाक बहुत है

ओस धुलाये मुँह फूलों का
ख़ुशबू तेरी धाक बहुत है

इश्क़ का जज़्बा सर्द कहाँ है
चिनगारी पर राख बहुत है

❖

20.

ये देख कर पतंगें भी हैरान हो गयीं
अब तो छतें भी हिन्दू-मुसलमान हो गयीं

क्या शहर-ए-दिल में जश्न-सा रहता था रात-दिन
क्या बस्तियाँ थीं, कैसी बियाबान हो गयीं

आ जा कि चन्द साँसें बची हैं हिसाब से
आँखें तो इन्तज़ार में लोबान हो गयीं

उसने बिछड़ते वक़्त कहा था कि हँस के देख
आँखें तमाम उम्र को वीरान हो गयीं

❖

21.

वो नम आँखें लबों से यूँ कहानी छीन लेती हैं
हवाएँ जिस तरह बादल से पानी छीन लेती हैं

वज़ारत की हवास, दौलत की चाहत, गेसु-ए-जानाँ
मियाँ ये ख़्वाहिशें शोलाबयानी छीन लेती हैं

मसायल ने हमें बूढ़ा किया है वक़्त से पहले
घरेलू उलझनें अक्सर जवानी छीन लेती हैं

कहाँ की दोस्ती, कैसी मुरव्वत, क्या रवादारी
नयी क़दरें सभी चीज़ें पुरानी छीन लेती हैं

❖

22.

आप रहबर हैं मगर आप नहीं जानते हैं
हम पे जो बीत रही है वो हमीं जानते हैं

बेनियाज़ी हमें ले आयी है उस मंज़िल पर
आसमाँ भी नज़र आये तो ज़मीं जानते हैं

ख़ाकसारी में बुराई तो नहीं है लेकिन
आप इस शहर का माहौल नहीं जानते हैं

❖

23.

कभी जूड़े में सजता हूँ कभी पामाल होता हूँ
वो इस्तेमाल करते हैं मैं इस्तेमाल होता हूँ

मेरी आँखों की झोली में यही अश्कों की दौलत थी
यही तेरी तमन्ना है तो ले कंगाल होता हूँ

अमीरे-शहर भी नज़रें झुका कर बात करता है
मैं तेरी याद से जिस वक़्त मालामाल होता हूँ

❖

24.

सख़ी है वो मगर उसको नहीं करने की आदत है
मैं सायल हूँ मगर मुझको यक़ीं करने की आदत है

उसे भी सरबुलन्दी पर हमेशा नाज़ रहता है
हमें भी आसमानों को ज़मीं करने की आदत है

सुना है तेरे ख़ंजर की लहू से प्यास बुझती है
हमें भी ख़ून सर्फ़े-आस्तीं करने की आदत है

तुम्हारा काम है शहरों को सहरा में बदल देना
हमें बंजर ज़मीनों को हसीं करने की आदत है

❖

25.

जब आँखें ख़ुद हों मशकीज़ा तो फिर तारों से क्या होगा
जुनूँ की आख़री मंज़िल है ज़ंजीरों से क्या होगा

बिछड़ना चाहता हो बेसबब कोई जो रस्ते में
तो फिर वादों में क्या रक्खा है तहरीरों से क्या होगा

बड़ा गहरा तआल्लुक़ है अमल का साफ़गोई से
अगर किरदार गिरवी हों तो तक़रीरों से क्या होगा

अगर अहले-क़लम हों साथ तो तारीख़ बनती है
क़लम ही जब नहीं होगा तो शमशीरों से क्या होगा

❖

26.

मियाँ मैं शेर हूँ शेरों की गुर्राहट नहीं जाती
मैं लहज़ा नर्म भी कर लूँ तो झुंझलाहट नहीं जाती

मैं इक दिन बेख़याली में कहीं सच बोल बैठा था
मैं कोशिश कर चुका हूँ मुँह की कड़वाहट नहीं जाती

जहाँ मैं हूँ वहाँ आवाज़ें देना जुर्म ठहरा है
जहाँ वो है वहाँ तक पाँव की आहट नहीं जाती

मुहब्बत का ये जज़्बा जब ख़ुदा की देन है भाई
तो मेरे रास्ते से क्यों ये दुनिया हट नहीं जाती

वो मुझसे बेतक़ल्लुफ़ हो के मिलता है मगर 'राना'
न जाने क्यों मेरे चेहरे से घबराहट नहीं जाती

❖

27.

जिसे दुश्मन समझता हूँ वही अपना निकलता है
हर इक पत्थर से मेरे सर का कुछ रिश्ता निकलता है

डरा-धमका के तुम हमसे वफ़ा करने को कहते हो
कहीं तलवार से भी पाँव का काँटा निकलता है

ज़रा-सा झुटपुटा होते ही छुप जाता है सूरज भी
मगर इक चाँद है जो शब में भी तनहा निकलता है

किसी के पास आते हैं तो दरया सूख जाते हैं
किसी की एड़ियों से रेत में चश्मा निकलता है

फ़ज़ा में घोल दी हैं नफ़रतें अहले सियासत ने
मगर पानी कुँए से आज तक मीठा निकलता है

जिसे भी जुर्मे-ग़द्दारी में तुम सब क़त्ल करते हो
उसी की जेब से क्यों मुल्क का झण्डा निकलता है

दुआएँ माँ की, पहुँचाने को मीलों-मील जाती है
कि जब परदेस जाने के लिए बेटा निकलता है

❖

28.

सियासी गुफ़्तगू मत कीजिए अच्छा नहीं लगता
रफ़ू पर फिर रफ़ू मत कीजिए अच्छा नहीं लगता

बहाया कीजिए दो-चार आँसू भी मुहब्बत में
इबादत बेवजू मत कीजिए अच्छा नहीं लगता

❖

29.

अजब दुनिया है नाशायर यहाँ पर सर उठाते हैं
जो शायर हैं वो महफ़िल में दरी-चादर उठाते हैं

तुम्हारे शहर में मय्यत को सब काँधा नहीं देते
हमारे गाँव में छप्पर भी सब मिल कर उठाते हैं

इन्हें फ़िरक़ापरस्ती मत सिखा देना कि ये बच्चे
ज़मीं से चूम कर तितली के टूटे पर उठाते हैं

समन्दर के सफ़र से वापसी का क्या भरोसा है
तो ऐ साहिल, ख़ुदा हाफ़िज़ कि हम लंगर उठाते हैं

ग़ज़ल, हम तेरे आशिक़ हैं मगर इस पेट की ख़ातिर
क़लम किस पर उठाना था, क़लम किस पर उठाते हैं

बुरे चेहरों की जानिब देखने की हद भी होती है
सँभलना आईनाख़ानो कि हम पत्थर उठाते हैं

❖

30.

हमारी दोस्ती से दुश्मनी शरमायी रहती है
हम अकबर हैं हमारे दिल में जोधा बाई रहती है

किसी का पूछना कब तक हमारी राह देखोगे
हमारा फ़ैसला जब तक भी ये बीनाई रहती है

मेरी सोहबत में भेजो ताकि इसका डर निकल जाये
बहुत सहमी हुई दरबार में सच्चाई रहती है

बस इक दिन फूट कर रोया था मैं तेरी मुहब्बत में
मगर आवाज़ मेरी आज तक भर्राई रहती है

बचो उस शोख़ की आँखों से वरना डूब जाओगे
समन्दर के किनारे भी बहुत गहराई रहती है

गिले-शिकवे ज़रूरी हैं अगर सच्ची मुहब्बत है
जहाँ पानी बहुत गहरा हो थोड़ी काई रहती है

❖

31.

मुहब्बत करने वाला ज़िन्दगी भर कुछ नहीं कहता
कि दरिया शोर करता है समन्दर कुछ नहीं कहता

तो क्या मजबूरियाँ बेजान चीज़ें भी समझती हैं
गले से जब उतरता है तो ज़ेवर कुछ नहीं कहता

बड़ा गहरा नशा होता है मैदानों में मरने का
कि जाँ देते हुए लश्कर का लश्कर कुछ नहीं कहता

हमारी इल्तजाएँ बेज़बाँ बच्चों की जैसी हैं
बज़ाहिर तो किसी से रेत का घर कुछ नहीं कहता

हमेशा सब्र को रुस्वा किया है भीगी आँखों ने
ज़रूरत चीख़ पड़ती है गदागर कुछ नहीं कहता

मेरे दिल से मेरे चेहरे का समझौता मज़े का है
ये अन्दर कुछ नहीं कहता वो बाहर कुछ नहीं कहता

❖

32.

हम कभी जब दर्द के क़िस्से सुनाने लग गये
लफ़्ज़ फूलों की तरह ख़ुशबू लुटाने लग गये

लौटते में कम पड़ेगी उम्र की पूँजी हमें
आप तक आने ही में हमको ज़माने लग गये

आपने आबाद वीराने किये होंगे बहुत
आपकी ख़ातिर मगर हम तो ठिकाने लग गये

दिल समन्दर के किनारे का वो हिस्सा है जहाँ
शाम होते ही बहुत-से शामियाने लग गये

बेबसी तेरी इनायत है कि हम भी आजकल
अपने आँसू अपने दामन पर बहाने लग गये

उँगलियाँ थामे हुए बच्चे चले इस्कूल को
सुबह होते ही परिन्दे चहचहाने लग गये

कर्फ़्यू में और क्या करते मदद इक लाश की
बस अगरबत्ती की सूरत हम सिरहाने लग गये

❖

33.

ऐ ख़ुदा, थोड़ी करम फ़रमाई होना चाहिए
इतनी बहनें हैं तो फिर इक भाई होना चाहिए

दिल में दुश्मन के लिए भी कुछ जगह रक्खा करो
घर बनाया है तो फिर अँगनाई होना चाहिए

❖

34.

सबके कहने से इरादा नहीं बदला जाता
हर सहेली से दुपट्टा नहीं बदला जाता

हम कि शायर हैं सियासत नहीं आती हमको
हमसे मुँह देख के लहजा नहीं बदला जाता

हम फ़क़ीरों को फ़क़ीरी का नशा रहता है
वरना क्या शहर में शजरा नहीं बदला जाता

ऐसा लगता है कि वो भूल गया है हमको
अब कभी खिड़की का पर्दा नहीं बदला जाता

अब रुलाया है तो हँसने पे न मजबूर कर
रोज़ बीमारी का नुस्ख़ा नहीं बदला जाता

ग़म से फुरसत ही कहाँ है कि तुझे याद करूँ
इतनी लाशें हों तो काँधा नहीं बदला जाता

उम्र एक तल्ख़ हक़ीक़त है मुनव्वर फिर भी
जितने तुम बदले हो, उतना नहीं बदला जाता

❖

35.

नुमाइश पर बदन की यूँ कोई तैयार क्यों होता
अगर सब घर के हो जाते तो ये बाज़ार क्यों होता

मियाँ इस अहद में चेहरा-शनासी किसको आती है
अगर आती तो फिर हर शहर में अख़बार क्यों होता

❖

36.

लहू बहता हुआ देखा तो पीना छूट जायेगा
मेरी जैसी ग़ज़ल मत कह पसीना छूट जायेगा

तुम्हारा बेवफ़ा कहना हमें मंज़ूर है लेकिन
तुम्हारे साथ रहने से मदीना छूट जायेगा

हमें ऐ मौत, थोड़े दिन की मोहलत चाहिए तुझसे
नहीं तो हमसे रोज़ों का महीना छूट जायेगा

हमारी प्यास के क़िस्से को दिलचस्पी से मत सुनना
तुम्हारे हाथ से ये आबगीना छूट जायेगा

किसी से मुस्तक़िल साँसें वफ़ादारी नहीं करतीं
तुम्हारा साथ भी इक दिन 'रईना'* छूट जायेगा

❖

*रफ़ीके-हयात, जीवन-संगिनी का नाम

37.

घिरा हुआ हूँ मैं सैलाब से निकाला जाये
मुझे भी नरग़ा-ए-अहबाब से निकाला जाये

कोई तो है जो फ़रिश्तों को हुक्म देता है
कि मेरी कश्ती को गिरदाब से निकाला जाये

दिया है सहरानवर्दी का हुक्म जब मुझको
तो सोहनी को भी पंजाब से निकाला जाये

तमाम उम्र यही सोचने में गुज़री है
किसे-किसे दिल-बेताब से निकाला जाये

❖

38.

ये सहरा है मियाँ सहरा में चालाकी नहीं चलती
यहाँ मजनूँ की चल जाती है लैला की नहीं चलती

फ़क़ीरी से हमेशा बादशाहत ख़ौफ़ खाती है
दिये के सामने आँधी की बेबाकी नहीं चलती

न ढूँढो तुम यहाँ लँगड़ा के चलता आदमी कोई
जहाँ खुद्दारियाँ होती हैं बैसाखी नहीं चलती

भला दिल में हमारे कोई काफ़िर किस तरह आता
ख़ुदा के घर में थोड़ी-सी भी नापाकी नहीं चलती

यहाँ पर बैठ कर दावा न कीजे पारसाई का
घटा शानों पे झुक जाये तो तौबा की नहीं चलती

❖

39.

गली में चाँद आँगन में सितारा देख लेते हैं
फ़लक तो बैठ कर हम घर में सारा देख लेते हैं

मैं रोता हूँ मेरी आँखें मगर वीरान रहती हैं
मेरे आँसू भी शायद इस्तख़ारा देख लेते हैं

ये फ़ितरत का तक़ाज़ा है सज़ा देने से क्या हासिल
कि ज़िद करते हैं बच्चे जब ग़ुबारा देख लेते हैं

वो आने ही कहाँ देता जो दिलचस्पी उसे होती
चलो कहते हो तो मुड़ कर दोबारा देख लेते हैं

फिर उनका लौट कर साहिल तलक आना नहीं होता
समन्दर के सफ़र में जो किनारा देख लेते हैं

❖

40.

मुसलसल गेसुओं की बरहमी अच्छी नहीं होती
हवा सबके लिए ये मौसमी अच्छी नहीं होती

न जाने कब कहाँ पर कोई तुमसे ख़ूँबहा माँगे
बदन में ख़ून की इतनी कमी अच्छी नहीं होती

ये हम भी जानते हैं ओढ़ने में लुत्फ़ आता है
मगर सुनते हैं चादर रेशमी अच्छी नहीं होती

ग़ज़ल तो फूल-से बच्चों की मीठी मुस्कुराहट है
ग़ज़ल के साथ इतनी रुस्तमी अच्छी नहीं होती

मुनव्वर माँ के आगे यूँ कभी खुल कर नहीं रोना
जहाँ बुनियाद हो, इतनी नमी अच्छी नहीं होती

❖

41.

तुझसे बिछड़े तो बिछड़ कर ज़िन्दगी महँगी पड़ी
उम्र भर रोना पड़ा इतनी हँसी महँगी पड़ी

चाँद को छूने की ख़्वाहिश भी बड़ी महँगी पड़ी
बुझ गयीं आँखें हमारी, रौ़शनी महँगी पड़ी

एक ख़्वाहिश के लिए क्या-क्या बिका मत पूछिए
मुख़्तसर ये है कि चादर रेशमी महँगी पड़ी

ख़्वाब सब ज़ुल्फ़े-परेशाँ से उलझ कर रह गये
उसको अपने गेसुओं की बरहमी महँगी पड़ी

सर छुपाना वो भी इस बस्ती में कोई खेल है
क्या ख़बर तुमको कि कितनी ओढ़नी महँगी पड़ी

❖

42.

सफ़ेदपोशी तेरा एतबार जाता है
अगर चराग़ हवाओं से हार जाता है

क़दम बढ़ाने में ख़तरा है मौत का लेकिन
मैं लौटता हूँ तो सारा वक़ार जाता है

अदालतों से ही इन्साफ़ सुर्ख़रू है मगर
अदालतों ही से इन्साफ़ हार जाता है

करें नसीब से शिकवा कि मौसमों का गिला
बदल के रास्ता अब्रे-बहार जाता है

मैं अपना लहजा तो तबदील कर नहीं सकता
बला से जाये अगर कारोबार जाता है

❖

43.

जहाँ तक हो सका हमने तुम्हें पर्दा कराया है
मगर ऐ आँसुओ, तुमने बहुत रुसवा कराया है

चमक ऐसे नहीं आती है ख़ुद्दारी के चेहरे पर
अना को हमने दो-दो वक़्त का फ़ाक़ा कराया है

बड़ी मुद्दत पे खायी हैं ख़ुशी से गालियाँ हमने
बड़ी मुद्दत से उसने आज मुँह मीठा कराया है

बिछड़ना उसकी ख़्वाहिश थी, न मेरी आरज़ू लेकिन
ज़रा-सी ज़िद ने इस आँगन का बँटवारा कराया है

कहीं परदेस की रंगीनियों में खो नहीं जाना
किसी ने घर से चलते वक़्त ये वादा कराया है

❖

44.

ख़ाक उड़ाते हुए सहरा के मुसाफ़िर अच्छे
आप आबाद रहें हम तो मुहाजिर अच्छे

तीरगी में यही आसेब नज़र आते हैं
रौशनी हो तो यही सारे मनाज़िर अच्छे

आपने मुड के भी देखा न मुसलमानों को
आपके सर की क़सम आपसे काफ़िर अच्छे

वक़्त भर देता है हर ज़ख़्म को रफ़्ता-रफ़्ता
हो गये ना तेरे बीमार भी आख़िर अच्छे

अपने वादे से किसी दिन भी मुकरते ही नहीं
आप अच्छे कि मेरे शहर के ताजिर अच्छे

❖

45.

मुझ-सा भी कोई शहर में ख़ुदसर नहीं निकला
दीवाना हूँ और हाथ में पत्थर नहीं निकला

अब दोस्त कोई लाओ मुक़ाबिल में हमारे
दुश्मन तो कोई क़द के बराबर नहीं निकला

कहने को तो इस शहर में सब क़द के बड़े हैं
अफ़सोस, मगर कोई क़द्दावर नहीं निकला

इस अहद का कूफ़ा है मेरा शहर भी शायद
कोई भी तरफ़दारे-मुनव्वर नहीं निकला

❖

46.

महसूस उम्र भर तेरी चाहत न कर सके
शर्मिन्दा है कि तुझसे मुहब्बत न कर सके

मिट्टी लिपट-लिपट गयी पैरों से इसलिए
तैयार हो के भी कभी हिजरत न कर सके

जन्नत उन्हें कहाँ से मिलेगी जो उम्र भर
छोटे-से अपने घर को भी जन्नत न कर सके

तुझसे बिछड़ के जीने की बस आरज़ू रही
तुझसे बिछड़ के जीने की हिम्मत न कर सके

❖

47.

निहत्था देख के मुझको, लड़ाई करता है
जो काम उसने किया है वो भाई करता है

शिकायतों को नये ज़ाविये दिये उसने
वो आईने से हमारी बुराई करता है

ये देखना है कहानी कहाँ बदलती है
अभी तलक तो वही बेवफ़ाई करता है

यहाँ रहोगे तो कुछ दिन में जान जाओगे
ज़मीर बेचने वाला कमाई करता है

❖

48.

हमारे जैसे वफ़ादार कम ही निकलेंगे
ज़मीं भी खोद के देखो तो हम ही निकलेंगे

जहाँ प' तुमने अदावत के बीज छिड़के हैं
वहाँ ज़मीन से निकले तो बम ही निकलेंगे

वतन की राह में देनी पड़ेगी जान अगर
ख़ुदा ने चाहा तो साबितक़दम ही निकलेंगे

❖

49.

काँटों से बच गया था मगर फूल चुभ गया
मेरे बदन में भाई का त्रिशूल चुभ गया

बच्चों की फ़ीस, उनकी किताबें-क़लम-दवात
मेरी ग़रीब आँखों में इस्कूल चुभ गया

❖

50.

मौक़ा वो सितम का कोई जाने नहीं देता
रोज़ों में हमें धूप भी खाने नहीं देता

फ़ुटपाथ पे रहने में बुराई नहीं लेकिन
फ़ुटपाथ कभी शहर से जाने नहीं देता

51.

हिज्र का ग़म तेरे बीमार को खा जायेगा
ज़ंग तो ज़ंग है तलवार को खा जायेगा

मुफ़लिसी बच्चे को रोने नहीं देना वरना
एक आँसू भरे बाज़ार को खा जायेगा

❖

52.

नेकी मेरी छुप-छुप के दुआ माँग रही है
रुस्वाई मेरे घर का पता माँग रही है

फल किसके मुकद्दर में लिखा है नहीं मालूम
वैसे तो गिलहरी भी दुआ माँग रही है

❖

53.

सज़ाएँ देने की तालीम ले के आते हैं
ख़ुदा का क़हर जरासीम ले के आते हैं

अभी तलक तो हुआ है यही कि महफ़िल में
नयी कहानी, नया थीम ले के आते हैं

वहाँ पहुँचिए जहाँ से ये सरफिरे क़ातिल
फ़साद करने की इस्कीम ले के आते हैं

❖

54.

शरीफ़ इन्सान आख़िर क्यों इलेक्शन हार जाता है
क़िताबों में तो ये लिक्खा था रावन हार जाता है

जुड़ी हैं इससे तहज़ीबें सभी तस्लीम करते हैं
नुमाइश में मगर मिट्टी का बरतन हार जाता है

मुझे मालूम है तुमने बहुत बरसातें देखी हैं
मगर मेरी इन्हीं आँखों से सावन हार जाता है

अभी मौजूद है इस गाँव की मिट्टी में खुद्दारी
अभी बेवा की ग़ैरत से महाजन हार जाता है

अगर एक क़ीमती बाज़ार की सूरत है ये दुनिया
तो फिर क्यों काँच की चूड़ी से कंगन हार जाता है

❖

55.

दुनिया मेरे होंटों से हँसी माँग रही है
जो पास नहीं है वही माँग रही है

ऐ जोशे-सख़ावत इसे मायूस न करना
पानी मेरी आँखों से नदी माँग रही है

❖

56.

हवस दौलत से लहजा काटती है
ये बिल्ली रोज़ रस्ता काटती है

ग़मों ने दिल को यूँ ज़ख़्मी किया है
नदी जैसे किनारा काटती है

❖

57.

हर एक शख़्स ख़फ़ा-सा दिखायी देता है
चहार सम्त कुहासा दिखायी देता है

हर एक नदी उसे सैराब कर चुकी है मगर
समन्दर आज भी प्यासा दिखायी देता है

ज़रूरतों ने अजब हाल कर दिया है कि अब
तमाम जिस्म ही कासा दिखायी देता है

वहाँ पहुँच के ज़मीनों को भूल जाओगे
यहाँ से चाँद ज़रा-सा दिखायी देता है

खिलेंगे फूल अभी और भी जवानी के
अभी तो एक मुँहासा दिखायी देता है

मैं अपनी जान बचा कर निकल नहीं सकता
कि क़ातिलों में शनासा दिखायी देता है

❖

58.

तुझसे मिलती-जुलती होगी ऐसी ग़ज़ल कह सकता हूँ
देख के तुझको सोच रहा हूँ मैं भी ग़ज़ल कह सकता हूँ

तितली, फूल, परिन्दे, मौसम, चेहरा, आँखें, गहरी झील
ऐसे मंज़र मिल जायें तो अब भी ग़ज़ल कह सकता हूँ

सुबह-सवेरे घर से चलना रात गये घर लौट के आना
ज़िम्मेदारी मुझ पर इतनी फिर भी ग़ज़ल कह सकता हूँ

उससे मुझको बिछड़े हुए गो एक ज़माना बीत गया
लेकिन इतना हक़ है उसको अपनी ग़ज़ल कह सकता हूँ

❖

59.

असीरे-ज़ुल्फ़े-गिरहगीर आ के लौट गया
ग़ज़ल के कूचे से इक मीर आ के लौट गया

अगर किसी की दुआ में असर नहीं होता
तो मेरे पास से क्यों तीर आ के लौट गया

कहाँ हर इक को इताअत नसीब होती है
मुरीद सोता रहा पीर आ के लौट गया

न होंगे हम तो हमारे ही तज़किरे होंगे
कहेंगे लोग कि फिर मीर आ के लौट गया

❖

60.

आपको चेहरे से भी बीमार होना चाहिए
इश्क़ है तो इश्क़ का इज़हार होना चाहिए

आप दरिया हैं तो फिर इस वक़्त हम ख़तरे में हैं
आप कश्ती हैं तो हमको पार होना चाहिए

ऐरे-ग़ैरे लोग भी पढ़ने लगे हैं इन दिनों
आपको औरत नहीं, अख़बार होना चाहिए

ज़िन्दगी तू कब तलक दर-दर फिरायेगी हमें
टूटा-फूटा ही सही, घर-बार होना चाहिए

अपनी यादों से कहो एक दिन की छुट्टी दें मुझे
इश्क़ के हिस्से में भी इतवार होना चाहिए

❖

61.

कोयल बोले या गौरेया अच्छा लगता है
अपने गाँव में सब कुछ भैया अच्छा लगता है

तेरे आगे माँ भी मौसी जैसी लगती है
तेरी गोद में गंगा मैया अच्छा लगता है

कागा की आवाज़ भी चिट्ठी जैसी लगती है
पेड़ पे बैठा एक गवैया अच्छा लगता है

माया-मोह बुढ़ापे में बढ़ जाता है
बचपन में बस एक रुपैया अच्छा लगता है

ख़ुद ही डाँटे, ख़ुद ही लगाये सीने से
प्यार में उसका ये भी रवैया अच्छा लगता है

❖

62.

लबों पे उसके कभी बद-दुआ नहीं होती
बस एक माँ है जो मुझसे ख़फा नहीं होती

मैं इक फ़क़ीर के होंटों की मुस्कुराहट हूँ
किसी से भी मेरी क़ीमत अदा नहीं होती

मेरा ख़मीर बना है वहाँ की मिट्टी से
जहाँ की फ़ाहशा भी बेवफ़ा नहीं होती

धुआँ उगलती हुई गाड़ियाँ पकड़ते हैं
जो आग उगलते हैं उनको सज़ा नहीं होती

❖

63.

मुफ़लिसी जिस दिन से तू मेरा मुक़द्दर हो गयी
ज़िन्दगी जैसे किसी बेवा की चादर हो गयी

फ़ातिहा पढ़ने वो आये तो मगर ताख़ीर से
जब हमारी क़ब्र की मिट्टी बराबर हो गयी

तोड़ कर दिल के घरौंदे को पशेमाँ वो भी हैं
मैं भी शर्मिन्दा हूँ उसकी याद बेघर हो गयी

❖

64.

कल रोक नहीं पाये जिसे तीरो-तबर भी
अब उसको थका देती है इक राहगुज़र भी

इस डर से कभी ग़ौर से देखा नहीं तुझको
कहते हैं कि लग जाती है अपनों की नज़र भी

कुछ मेरी अना भी मुझे झुकने नहीं देती
कुछ इसकी इजाज़त नहीं देती है कमर भी

तुम सूखी हुई शाख़ों का अफ़सोस न करना
आँधी तो गिरा देती है मज़बूत शजर भी

वो मुझसे वहाँ क़ीमते-जाँ पूछ रहा है
महफ़ूज़ नहीं है जहाँ अल्लाह का घर भी

❖

65.

ख़िराज माँगने वाले ख़िराज माँगेंगे
ये सूदख़ोर हमेशा बियाज माँगेंगे

यहीं तो हमने बहाया था ख़ून भाई का
हम इस ज़मीन से कैसे अनाज माँगेंगे

हमें नसीब से काफ़ी शिकायतें हैं मगर
तुझे ख़ुदा से बहरहाल आज माँगेंगे

बुरा न मान तुझे देखने के बाद यहाँ
दुआएँ तो सभी आशिक - मिज़ाज माँगेंगे

❖

66.

कहीं भी छोड़ के अपनी ज़मीं नहीं जाते
हमें बुलाती है दुनिया हमीं नहीं जाते

मुहाजरीन से अच्छे तो ये परिन्दे हैं
शिकार होते हैं लेकिन कहीं नहीं जाते

❖

67.

तुम्हारे शहर में तासीर से ख़ाली है यकजेहती
जहाँ हर रोज़ दंगे हों वहाँ गाली है यकजेहती

न लय यकसाँ, न सुर यकसाँ, न कोई शेर ही अच्छा
जिसे सब मिलके गाते हैं वो क़व्वाली यकजेहती

❖

68.

लहजे की काट ख़्वाहिशे-दस्तार खा गयी
रखने से ज़ंग और भी तलवार खा गयी

बस इक दुआ-सलाम का रिश्ता ही रह गया
अपनाइयत तो बीच की दीवार खा गयी

तर्के-तआल्लुक़ात पे रोया नहीं कोई
अश्क़ों की फ़स्ल अब के बहुत मार खा गयी

❖

69.

अमीर-ए-शहर को तलवार करने वाला हूँ
मैं जी हुज़ूरी से इनकार करने वाला हूँ

कहो अँधेरे से दामन समेट ले अपना
मैं जुगनुओं को अलमदार करने वाला हूँ

तुम अपने शहर के हालात जान सकते हो
मैं अपने चेहरे को अख़बार करने वाला हूँ

मैं चाहता था कि भाई का साथ छूट न जाये
मगर वो समझा कि मैं वार करने वाला हूँ

बदन का कोई भी हिस्सा ख़रीद सकते हो
मैं अपने जिस्म को बाज़ार करने वाला हूँ

तुम अपनी आँखों से सुनना मेरी कहानी को
लब-ए-ख़ामोश से इज़हार करने वाला हूँ

हमारी राह में हायल कोई नहीं होगा
तू एक दरिया है, मैं पार करने वाला हूँ

❖

70.

हम अपने बचने की कोई सबील क्या करते
गवाह टूट गये थे, अपील क्या करते

अदालतों ही में जब लेन-देन होने लगे
तुम्हीं बताओ बिचारे वकील क्या करते

जब अपने जिस्म के हिस्से ही अपने दुश्मन हों
फिर अपने जिस्म की सरहद को सील क्या करते

तमाम लोग ख़ुशामद की शाल ओढ़े थे
तो हम भी अपनी अना को ज़लील क्या करते

❖

71.

बदन में दौड़ता सारा लहू ईमान वाला है
मगर ज़ालिम समझता है कि पाकिस्तान वाला है

अभी वो गुफ़्तगू करते हुए कुछ झेंप जाता है
मगर लहजा अभी से साहिबे-दीवान वाला है

अभी लहजे में थोड़ी-सी अना की धूप बाक़ी है
अभी तक एक कमरा गाँव में दालान वाला है

तुम्हें सच्ची मुहब्बत के कई क़िस्से सुनायेगा
हमारे गाँव आना तुम, वहाँ इक पान वाला है

हमारी और उसकी दोस्ती है साथ रहने तक
हमारा और उसका साथ दस्तरख़ान वाला है

मेरा अपना तो अब इस गाँव में कोई नहीं रहता
गली के मोड़ पर इक पेड़ बस पहचान वाला है

❖

72.

हमेशा टूटती साँसों की लय मालूम होती है
अमीरे-शहर की दावत में क़य मालूम होती है

मुबारक़ हो तुम्हें इस क़ीमती दुनिया की रंगीनी
हमें तो ये कोई सस्ती-सी शय मालूम होती है

मुक़द्दर के लिखे को कोई कैसे टाल सकता है
जुदाई इक-न-इक दिन तुझसे तय मालूम होती है

तुम्हारे साथ गुज़रे एक इक लम्हे में नश्शा है
तुम्हारी दोस्ती आँखों को मय मालूम होती है

❖

73.

झूठ बोला था तो यूँ मेरा दहन दुखता है
सुबह दम जैसे तवायफ़ का बदन दुखता है

ख़ाली मटके की शिकायत पे हमें भी दुख है
ऐ ग्वाले, मगर अब गाय का थन दुखता है

उम्र भर साँप से शर्मिन्दा रहे ये सुन कर,
जब से इन्सान को काटा है तो फन दुखता है

ज़िन्दगी, तूने बहुत ज़ख़्म दिये हैं मुझको
अब तुझे याद भी करता हूँ तो मन दुखता है

❖

74.

मेरी उजड़ी हुई आँखों के सारे ख़्वाब लौटा दो
अमानत में ख़यानत तो ज़मीनें भी नहीं करती

ज़रूरत इक तवायफ़ की तरह मुझको नचाती है
मैं जितना काम करता हूँ मशीनें भी नहीं करती

बहादुर आदमी के हाथ भी तलवार होते हैं
हिफ़ाज़त बुज़दिलों की मैगज़ीनें भी नहीं करतीं

तेरे दामन से क्या उम्मीद रक्खूँ दिलनवाज़ी की
मदद आँखों की मेरी आस्तीनें भी नहीं करती

75.

तुम आज बड़े मौक़े से महफ़िल में चले आये
हम लोग चराग़ों का बदल ढूँढ रहे थे

सब ओढ़ लेंगे मिट्टी की चादर को एक दिन
दुनिया का हर चराग़ हवा की नज़र में है

मैं रोकता रहा फिर भी ये बेअदब निकले
मेरा ये आँसू तो कमबख़्त कम नसब निकले

76.

अगरचे चाहने वालों के आस-पास रही
हमारे बाद हमेशा ग़ज़ल उदास रही

हमारी आँखों में अपना ख़ुमार रहने दे
तमाम उम्र हमें क़र्ज़दार रहने दे

क़ाफ़िरों के शहर में ईमान वाला मिल गया
चलिए इक कमरा तो रौशनदान वाला मिल गया

❖